1291.

LETTRE

POUR servir de Réponse au Discours de M. Rousseau de Genève, sur l'origine & les fondemens de l'inégalité parmi les hommes.

Si bonus es, casu vivere, Sexte, potes.
Martial, l. 3. Ep. 38.

Par M. J. N. T. J.

À GENEVE,

Aux dépens de la Compagnie.

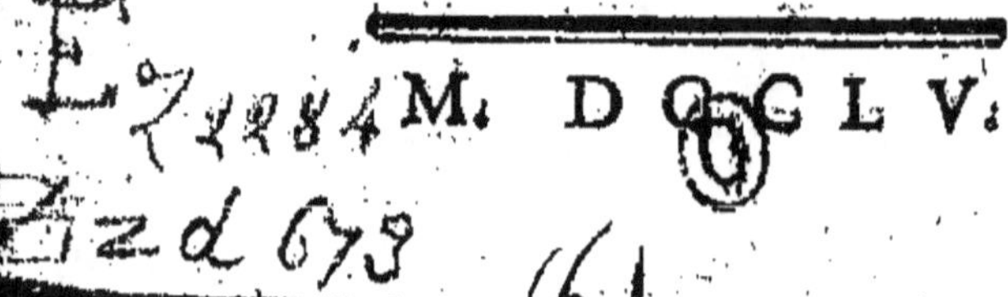

M. DCCLV.

LETTRE

Po u r servir de Réponse au Discours
de M. Rousseau de Genève, sur l'o-
rigine & les fondemens de l'inégalité
parmi les hommes.

J E vous envoye, Monsieur, le
Discours de M. Rousseau de
Genève, que vous m'avez de-
mandé. J'y joins, puisque vous
le voulez, mes propres Réflexions sur ce
Discours. Je suis certain que vous serez
satisfait de la premiere partie de mon en-
voi ; je souhaite que vous ne soiez pas
mécontent de la seconde, & qu'elle serve

                    du moins

du moins à vous prouver combien je dé-
fére à vos défirs , & combien j'ai de
plaifir à vous obliger en tout.

Le Difcours en queftion , me paroît
très-bien écrit. On y découvre par-tout
un bon fens , une pénétration , une net-
teté qui méritent d'autant plus d'élo-
ges , que ces qualités ne fe rencontrent
pas communément dans les Ouvrages
d'aujourd'hui. On y voit une imagination belle , vive , féconde , mais fage ,
& qui fe laiffe rarement emporter hors
du cercle que la raifon lui a prefcrit.
En un mot, j'ai été extrêmement fatisfait
de la façon dont les chofes y font trai-
tées, quoique les chofes en elles-même,
& les idées de M. Rouffeau ne m'ayent
pas toutes procuré un égal contentement. Je m'explique.

Vous verrez par la lecture de ce Difcours que , quoiqu'il femble que l'in-
tention

tention de l'Auteur n'ait été que de marquer l'origine & les fondemens de l'inégalité qui se trouve parmi nous, son principal but néanmoins est de prouver que les hommes se sont écartés de l'état où la nature les avoit d'abord placés, & qui seul pouvoit faire leur bonheur; que presque tous les maux qui nous environnent ne sont dûs qu'à la sotise qu'ils ont eue de multiplier leurs idées, & de quitter leur vie isolée & solitaire pour se rassembler & se réunir; qu'enfin la société faisant naître avec elle la propriété, la dépendance, & l'inégalité, nous rend plus malheureux que nous ne devrions l'être, plus malheureux que ne l'ont été les premiers hommes, & que ne le sont encore les animaux, quoique cependant moins malheureux que ne le seront nos descendans, qui vraisemblablement

A 3

continueront

continueront toujours à s'écarter de plus en plus de ce premier état naturel.

Il faut avouer que de semblables paradoxes n'offrent au premier aspect rien de bien satisfaisant. On nous montre les premiers hommes plus heureux que nous ; objet désolant pour des êtres qui s'aiment, & qui doivent s'aimer. On nous fait envisager les bêtes même dans un état digne de notre envie; objet révoltant pour des êtres qui s'estiment autant qu'ils s'aiment. Enfin, après nous avoir dépeint notre malheur comme fort grand, on nous représente notre postérité plus malheureuse encore ; objet affligeant pour des êtres qui aiment leurs semblables, & que le sentiment de leur propre malheur rend naturellement sensibles à celui des autres, comme l'a remarqué notre Auteur.

Ces idées d'ailleurs nous font regarder

der la nature, ou plutôt l'Etre Créateur & conservateur, dans un point de vûe qui ne s'accorde guères avec notre raison & les qualités que nous sçavons être essentielles à la Divinité. En effet peut-on croire qu'il ait donné à des créatures, qu'il a sans doute aimées, puisqu'il les a créées sans aucun besoin d'elles, qu'il leur ait, dis-je, donné le pouvoir de se rendre malheureuses ? J'en appelle au témoignage de tout pere tendre & raisonnable.

Enfin ces principes m'ont peut-être encore paru plus extraordinaire qu'à un autre, parce qu'ils dérangent le petit systême que vous sçavez que je m'étois formé sur l'humanité, systême où je trouvois le contrepié de ce que je vois ici, & où je regardois dumoins comme une chose sûre, claire & sans difficulté, que les hommes avoient été dans la même parité de bonheur & de malheur en tous les temps.

J'avouerai cependant que la première lecture de cet Ouvrage m'avoit fait impreſſion & preſque convaincu de la vérité des idées de M. Rouſſeau. Mais mon ſyſtême m'étoit trop cher pour me rendre au premier coup. J'ai relu, j'ai réflechi avec toute l'attention dont je ſuis capable ; enfin je me ſuis raffermi dans mes premieres idées, & j'ai cru avoir raiſon de penſer que le ſort des hommes dans l'état naturel n'étoit pas ſi digne de notre envie que l'a cru M. Rouſſeau, ni le ſort de nos neveux ſi à plaindre. Il m'a paru qu'à tout prendre il étoit au moins probable que dans le monde le bien & le mal avoient toujours été & ſeroient toujours enſemble en proportion égale, & que par conſéquent les hommes en général n'a-

voient

voient pû être autrefois plus heureux ,
ni ne pourroient être par la suite plus
malheureux que nous ne sommes.

Les idées de M. Rousseau & les
miennes sont bien différentes, comme
vous voiez. Sa cause sera sans doute
soutenue avec plus d'art & de génie ,
mais la mienne sera plus favorable, puisque ce sera celle de l'humanité en général , & de mes Juges en particulier.
Tout le monde sçait aussi que les plus
grands hommes se trompent souvent ,
& que quelquefois les moins éclairés
s'en apperçoivent.

Convenons d'abord que M. Rousseau a cherché avec toute la sagacité
imaginable l'état de l'homme en pure
nature ; qu'il est probable qu'il a décou-
vert le vrai point de cet état, supposé
qu'il ait existé ; qu'enfin il a expri-
mé ses découvertes avec tout l'art ,

toute

toute la clarté, & toute la justesse possibles. Aussi sera-ce en admettant commes vraies presque toutes ses idées su l'état de l'homme naturel, que je combattrai ses mêmes idées sur l'état de l'homme artifé, c'est-à-dire, tel qu'il est à présent.

Que l'homme en restant isolé, comme on suppose qu'il a été d'abord, borné presqu'aux seules sensations, & à un très-petit nombre d'idées rélatives à ces mêmes sensations, & absolument nécessaires à la conservation de son être, que l'homme, dis-je, en ce premier état n'ait été exempt d'une infinité de maux ausquels il est maintenant sujet, c'est ce qu'on ne peut pas, je croi, contredire, & ce que l'expérience & le bon sens s'accordent journellement à nous prouver. Il seroit superflu d'ajoûter quelque chose à ce qu'a dit à ce sujet l'Auteur dont je parle. Convenons donc avec lui de bonne foi que l'homme alors n'auroit guères connu d'autres maux que la douleur réelle, la crainte des maux physiques, & le dépit de ne pouvoir satisfaire, à sa premiere envie, ses besoins naturels, au nombre desquels je mets le commerce avec l'autre sexe. Avouons qu'il n'auroit eu aucun de ces maux imaginaires, mais réels cependant, qui nous tourmentent beaucoup plus souvent, & peut-être beaucoup plus fortement que les maux physiques. Mais qu'il avoue aussi que les biens moraux que l'homme tire de la société, & qu'il ne pouvoit se procurer qu'en sortant de l'état de nature, sont au moins en proportion égale avec ces maux, & leur servent d'une juste compensation; qu'ainsi, à la rigueur, l'homme ayant acquis avec des dettes, justement ce qu'il

faut

faut pour les payer, n'eſt ni plus ni moins riche qu'il étoit avant cette double *ac-quiſition* de perte & de profit. (qu'on me paſſe ce terme.)

M a i s pour jetter ſur ce que j'ai à dire encore plus de clarté, je vais expliquer mes idées ſur le bien & le mal moral, tel que je le conſidere ici. Je donnerai dans la ſuite une autre définition de ces mêmes mots pris dans un ſens différent. Nous ſentons que notre ame eſt ſuſceptible d'agitation. Nous ſentons même, je croi, que cette agitation lui eſt néceſſaire. La circulation de la matiere fait la différence du végétal à la matiere brute & immobile ; cette agitation, cete action de l'ame diſtingue l'être animé du végétal. Pour ſe mouvoir l'ame a beſoin d'un mobile, & c'eſt le déſir qui lui en ſert, & qui la porte tontôt vers un objet, & tantôt vers un

autre

autre. La poſſeſſion de l'objet de ſon déſir eſt ce qui forme le plaiſir : la perte de cet objet, ou de l'eſpérance de le poſſeder, eſt ce qui forme la douleur. L'aſſemblage d'une ſuite ou d'un nombre de plaiſirs ou de douleurs, eſt ce qu'on appelle bonheur ou malheur. On comprend par cette explication combien le bonheur & le malheur ſont ſuſceptibles de différentes gradations. Les momens intermédiaires du déſir à la poſſeſſion n'appartiennent par eux-mêmes ni au bien ni au mal. La crainte de perdre ſon objet ou l'eſperance de le poſſeder, leur font prendre la teinture de la douleur ou du plaiſir.

Je dis donc d'abord que le bien & le mal exiſtent en un pareil dégré dans toute la nature, puiſque tous les êtres qui peuvent être les objets de nos déſirs peuvent nous procurer également

de

de la douleur & du plaisir. Tout ce qui peut se posseder peut se perdre, & tout ce qui peut être perdu a été & peut être encore possedé. Le bien est l'endroit de l'étoffe dont le mal est l'envers. (J'ose me servir de cette comparaison, parce qu'elle rend clairement ma pensée.) Ils existent tous deux nécessairement dans le même sujet, mais ils ne peuvent être consiperés que séparément, & ne peuvent être en même temps tous les deux. Le premier homme, par exemple, qui s'est habillé, a eu en vûe de se procurer un bien, & effectivement il l'a fait. Il s'en est sans doute bien trouvé d'abord. Mais cet habit, occasion de plaisir pour lui dans un temps, l'a bien pû être de sa peine dans un autre, en le rendant plus sensible au froid, & en lui faisant sentir comme un mal la privation de ce même habit qui lui avoit été

indifférente

indifférente avant qu'il en eût regardé la poſſeſſion comme un bien.

Qu'on faſſe la même opération ſur tous ces biens, on trouvera le même réſultat. L'endroit de l'étoffe aura toujours ſon envers, & l'envers aura toujours ſon endroit. On poutra jouir d'un bien ; on pourra en être privé. La jouiſſance & la privation, & par conſéquent le plaiſir & la peine ſe trouveront toujours combinés enſemble, & toujours en raiſon égale.

Les hommes n'ont donc pû ſe créer des biens ſans ſe créer des maux, ni ſe créer des maux ſans ſe créer en même temps des biens. Qu'on prenne garde ſeulement que le bien a toujours précédé le mal, & que ce n'eſt qu'en ſe préſentant aux hommes comme bien, & l'étant pour lors en effet, qu'un objet a pû s'en faire adopter. Excellente apologie

apologie pour les hommes, puisque le bien préſent étoit certain , & que le mal à venir n'étoit pas ſûr, & pouvoit bien ne pas arriver à chacun d'eux !

Qu'on me permette ſur cette apologie une comparaiſon qui donne encore du jour à ma penſée. Un Prince qui découvre pluſieurs mines d'or ne rend certainement par cette découverte aucun ſervice au genre humain , puiſqu'il ne fait qu'augmenter les ſignes des biens, ſans augmenter les biens même, & que ces ſignes ſe mettant néceſſairement en proportion avec les objets qu'ils repréſentent, il n'en réſultera autre choſe, ſinon que tel bien dont la valeur réelle n'étoit auparavant repréſentée que par un ſeul ſigne de convention le ſera par deux ou trois. Mais ſans avoir procuré aux autres aucun avantage, il s'en ſera procuré un fort grand gránd à foi-même en particulier. Avec ces nouveaux fignes il aura payé fes troupes, fortifié fes places, acheté des alliés, enfin fatisfait à fes befoins ou à fes engagemens. Cet avantage fera peut-être compenfé par un dommage, public & poftérieur. Mais ce dommage, partagé entre tous les hommes, deviendra pour chacun d'eux fi leger, qu'il ne fera point fenti, ni même apperçu, & par conféquent n'aura prefque plus d'éxiftance réelle. D'ailleurs chacun fe procurant quelque bien par anticipation fur fes defcendans, & ceux-ci fe dédommageant fur ceux qui les fuivront, perfonne ne fera effectivement léfé. Tant que les hommes fubfifteront, ils auront la faculté de voler leurs neveux pour fe récompenfer des vols que leur auront fait leurs ancêtres; & lorfqu'ils cefferont d'être, les vols faits par ces

B

derniers

derniers ne pourront influer fur ceux qui n'exifteront pas. Ce qui prouve peut-être qu'il y a plus de bien que de mal dans le monde.

Revenons à notre fujet dont nous nous fommes un peu écartés. Je crois avoir prouvé que les objets que l'homme a introduits comme de nouveaux buts pour diriger fes defirs, font en général auffi fufceptibles de plaifir que de douleur. Prouvons maintenant par l'examen particulier de quelques-uns de ces objets, qu'ils lui font effectivement au-moins autant de bien que mal : & attachons-nous à ceux qui font les plus éloignés de l'état naturel, & dont il paroît que l'homme fauvage n'auroit pas même pû avoir d'idées.

Je commencerai par cette exiftance morale que les hommes fe font faite dans l'imagination des autres; exiftance qui

qui fait le mobile de presque toutes leurs actions ; à la création & à la con-servation de laquelle ils font la plûpart plus attachés qu'à leur exiſtance natu-relle qu'ils lui ſacrifient bien ſouvent. Elle coûte des peines à acquérir ; j'en conviens. Mais elle en récompenſe bien. Ne fait-elle pas éprouver à l'homme ſo-ciable un plaiſir, une délectation vo-luptueuſe dont l'homme ſauvage ne pa-roiſſoit pas ſuſceptible, & qui certaine-ment eſt bien plus ſenſible, que les ſim-ples ſenſations animales auſquelles on veut nous réduire. Si pour l'acquérir on employe la noirceur & le vice, n'y em-ploye-t'on pas auſſi & peut-être plus ſouvent, la bienfaiſance & la vertu ; ou du moins leurs apparences, dont les effets ne ſont pas moins réels & moins utiles ? Si dans des occaſions elle préci-pite la vie d'un homme, elle l'empêche de fentir la perte qu'il fait. Que dis-je ? Elle lui fait rencontrer fouvent le plaifir dans ce qui doit faire & fait réellement la terreur des autres hommes ; terreur dont l'homme naturel n'eft pas exempt , comme le prétend M. Rouffeau , puifque l'amour de la vie , qui eft la même chofe que la crainte de la mort , eft un fentiment que la nature lui a donnée , & qu'il n'a pû balancer par les idées que fon imagination n'a pû lui fournir.

Il en eft de même à l'égard des hommes en général ; le defir de la gloire, de la célébrité leur caufe & par les mêmes raifons autant de bonheur que de malheur. Si elle a fait verfer du fang à Augufte , elle l'a engagé à réparer ces premiers maux par une infinité de biens. Elle a animé également Philippe & Démofthènes, Antoine & Ciceron. Enfin fi elle

elle fait éclore quelques vices, ne donne-
t'elle pas un moien sûr & infaillible pour en
punir mille autres ausquels les loix ne peuvent porter ni empêchement ni remède ?

C E que je viens de dire sur la célébrité, la réputation, ne peut-on pas
l'appliquer à l'ambition qui est si étroi-
tement liée avec elles ? Je sçai qu'on
va m'objecter les horreurs de la guerre,
qu'on va m'offrir des milliers d'hommes
égorgés à la fois, le fer, le feu, tous les
métaux, tous les êtres, pour ainsi dire,
employés par des hommes à la destruc-
tion de leurs semblables ; & j'avoue que
toutes ces circonstances rassemb'ées &
présentées à la fois, impriment une
espèce de terreur, & semblent emporter la balance, de façon que rien ne
peut la remettre en équilibre. Mais
sans chercher dans la nature des cau-
ses de ce malheur peut-être nécessaire,

&

peut-être compenfé par d'autres avan-
tages, il fuffit pour répondre à l'objection & l'anéantir, de faire voir que
c'eft un malheur attaché à notre exiftance, dont les animaux ne font pas plus
exempts que nous, & que l'homme
fauvage en auroit également éprouvé les
horreurs, & d'autres genres de deftruc-
tions équivalens. Ceci n'eft pas difficile
à montrer. Ce que je dis de la guerre
que fe font les animaux, eft prouvé par
une expérience journaliere ; ainfi je ne
parlerai que de l'homme fauvage.

M. Rouffeau qui fe fuit prefque par-
tout dans la defcription de l'homme
naturel, ne paroît cependant pas nous
en donner une idée conforme à fes
principes, en le repréfentant qui com-
pare judicieufement le peril qu'il court
pour défendre fa proye avec la force de
celui qui la lui difpute, & avec la fa-
cilité

cilité de trouver fans combat un équi-
valent à fa perte. Cela ne me paroît
guères être d'accord avec cette difette
d'idées & de jugemens que nous fommes
forcés de reconnoître en lui. Il doit plus
fentir que penfer, s'attacher vivement à
l'objet qui l'affecte & dont la préfence
l'excite. Une certaine émulation natu-
relle dont les animaux même ne font
pas exempts, le peu de temps que le
danger laiffe à la réflexion, tout enfin
femble nous annoncer qu'il ne lâchera
point fon butin fans combat, à moins
qu'il ne fe trouve une différence frap-
pante & fouvent éprouvée entre l'ag-
greffeur & l'attaqué, & dans ce dernier cas la réflexion aura-t'elle le temps
& le pouvoir de le fauver d'un ennemi
fi fupérieur ? Les hommes ifolés ne fe
tueront à la vérité qu'un à un, mais
cette deftruction répétée n'en fera pas
moins grande.   D'AILLEURS

D'AILLEURS qu'on ne les suppose plus dans l'enfance du monde qu'ils n'ont point encore eu le temps de peupler. Notre Auteur croit , & je pense qu'il a raison , que de cette premiere espèce de vie s'enfuivroit une population plus grande que de la nôtre. Qu'on ne regarde donc plus les hommes sauvages comme si isolés , si éloignés les uns des autres , & ne se rencontrant que rarement. A mesure que l'espèce augmentera , ils se trouveront plus mêlés , les vivres deviendront plus rares & plus difficiles à avoir, & conséquemment, les sujets & les occasions de guerre plus fréquens. Qu'on ajoûte encore qu'ils n'auront pas seulement d'autres hommes à combattre , mais encore tous les animaux qui par force ou par adresse pourront leur enlever leur proye , ou les atttaquer eux-mêmes.

ENFIN

ENFIN pour terminer ce parallele, qu'on fasse attention aux stérilités, aux froids excessifs, aux chaleurs extraordinaires, aux mauvaises qualités des fruits leur nourriture, on verra les mortalités, les maladies épidémiques faire chez eux plus de ravage que n'en font chez nous nos guerres, nos maladies & nos médécins; ou dumoins leur servir facilement de compensation. Sans avoir recours aux raisons physiques, il suffit pour se convaincre de ce que je dis, d'ouvrir les livres des voyageurs. On y verra combien les maladies populaires sont plus fréquentes chez les sauvages que chez nous.

PASSONS tout de suite à une objection qui a quelque rapport avec celle que nous venons de voir, & que les partisans de l'animalité trouvent sans doute bien forte, puisqu'ils ne cessent

de

la répeter. Ils prétendent , & ils ont raifon en un fens , que la durée de la vie de l'homme animal doit être plus longue que la nôtre. Je croi, comme M. Rouffeau, que le défaut d'exercice, la moleffe qui regne parmi nous, & plus que tout le refte , les réflexions & les contentions d'efprit abrégent nos jours. Mais je ne demeure pas d'accord de l'avantage qu'il veut en tirer en faveur du premier état, & je penfe pouvoir prouver fans peine , qu'en prenant les chofes dans l'exacte raifon, la vie d'Alexandre mort à 32. ans, a été effectivement plus longue , ou au moins autant que celle d'un fauvage qui a vêcu cent ans. Expliquons cette efpèce de paradoxe. J'ai dit plus haut que ce qui diftingue l'être animé du végétal, eft l'action de l'ame en tant qu'elle fent , ou qu'elle penfe. C'eft cette derniere

façon

façon d'être, & non pas simplement la circulation du sang & des esprits animaux que l'on doit appeller la vie de l'homme, puisqu'il se fait dans le végétal une circulation de séve qui équivaut à la nôtre, & que l'on pourroit dire en ce sens qu'une plante vit aussi bien qu'un homme.

Ce principe qui me paroît incontestable une fois admis, il ne seroit pas difficile d'en deviner les conséquences, si l'on veut bien se souvenir que M. Rousseau lui-même est obligé de convenir que l'homme dans l'état de nature pensant & sentant peu, est réduit à passer presque toute sa vie dans le sommeil, comme les animaux. Sans nous embarrasser dans un calcul & une estimation inutiles, supposons que l'homme sauvage passe 4. heures des vingt-quatre à penser ou à sentir, & c'est

beaucoup,

beaucoup, voilà fa vie réelle bornée à un peu plus de feize ans. Qu'on ôte des 32. ans d'Alexandre un tiers , foit pour le fommeil, foit pour les temps d'inaction de fon ame , qui ont été fort courts , fa vie fe trouvera à-peu près réduite à vingt-un ou vingt-deux ans , & il aura réellement vécû environ cinq ans plus que le fauvage. Preuve de ce que j'ai avancé.

Cette agitation de l'ame dont je viens de parler, & que j'appelle proprement la vie de l'homme, me conduit à dire quelque chofe de ce defir de connoître , qui paroît nous être fi naturel, qui peut-être nous a fait fortir néceffairement de notre premier état , & qu'enfin M. Rouffeau femble prendre à tâche de décrier, quoiqu'il eût plus d'intérêt que perfonne à lui faire grace. Son Difcours même eft une excellente

cellente réfutation de ce qu'il contient à ce sujet, puisque c'est à ce même de- sir de connoître, qu'il nous dépeint comme un mal, que M. Rousseau est redevable du plaisir qu'il a sans doute pris à composer son livre , & tous les gens de bon sens de la satisfaction qu'ils ont à le lire. Ne peut-on pas dire que ce desir est un grand bien pour nous , puisqu'il remplit le vuide où nous laif- seroient les seules sensations , & que c'est un temps qu'il dérobe à la végé- tation pour le donner à notre vie ? Pour moi, de tous les biens que nous nous sommes faits, si ce desir est du nom- bre, je suis persuadé que c'est celui qui contribue le plus à notre bonheur, & le moins à notre mal, & que le con- tentement qu'il procure est de tous les lieux, & de tous les temps. Je n'o- serois cependant dire de tous les hom- mes ,

mes, & quoique cet article ci me pa-
roiſſe un des plus favorables à ma cau-
ſe, je ſuis forcé de convenir que bien
des gens ne ſeront pas de mon avis,
& que les ſots & les ignorans, dont le
nombre n'eſt pas petit, ſeront ravis de
trouver une ſi belle occaſion de mépri-
ſer ce qu'ils n'ont pû acquérir. Quel
avantage pour eux d'avoir pour défen-
ſeur de leur parti un homme qui en
devoit & pouvoit être le plus redouta-
ble adverſaire, & qui rempli de ſcience,
de connoiſſances & de jugement, regarde ces qualités & les affiche comme
une des ſuites de la dépravation des
hommes, & comme une des cauſes eſ-
ſentielles de leur malheur!

J E pourrois dire beaucoup de choſes
ſur la différence de l'amour tel qu'il
devoit être chez l'homme naturel, &
tel qu'il eſt chez l'homme policé; &,

malgré

malgré les jalousies, les soupçons, les soins, les maux enfin qu'il nous cause, on pourroit trouver de l'avantage de notre côté, ou pour le moins l'équilibre que nous avons remarqué par-tout ailleurs. Mais je ne m'arrêterai point sur ce chapitre. Ce sentiment chez les animaux est précisément le même qu'auroit été celui de l'homme sauvage. Ceux qui connoissent l'amour délicat que l'on a substitué à ce premier, pourront, aussi bien que moi, en faire la comparaison ; & je la ferois inutilement à ceux qui ne connoissent que l'amour animal. Je ne puis cependant, comme j'écris sans esprit de parti, me dissimuler une objection à laquelle j'avoue que je ne sçai trop que répondre. La voici : il semble que les hommes de ce siécle, & peut-être ceux de notre nation particulierement, ayent fait cette

comparaison

comparaifon dont je parle, &, qu'ayant trouvé plus d'avantage dans l'amour animal, ils ayent cru devoir revenir fur ce point à l'état de pure nature. N'en ont-t'ils pas en effet prefque tous écarté ces fentimens que nos ayeux y avoient ajoûtés ? Sentimens qui joignoient aux plaifirs momentanés de l'amour naturel, la volupté douce, tranquille & durable de l'amitié. Tout ce que j'y vois de différence, c'eft qu'ils ont ajoûté à l'amour tel qu'il étoit autrefois, un jargon, un perfifflage pitoyable, qui, fans rendre ce commerce plus délicat qu'il n'eft chez les bêtes, le rend beaucoup plus fot. Commencerions déja à revenir par-là à l'état de nature, où nous fommes ménacés par M. Rouffeau de rentrer un jour ?

Si j'ai dit peu de chofe fur l'amour, j'en dirai encore moins fur l'amitié, &

je

je me contenterai de demander à tous ceux qui ont connu ce que c'est qu'être amis, s'ils peuvent regarder l'amitié comme un malheur, un sentiment contraire à la nature ; & qui n'est dû qu'à la folie & à la dépravation des hommes, s'il leur cause enfin plus de douleur que de plaisir. Je suis trop convaincu du prix de ce sentiment, pour croire devoir employer aucunes raisons à sa défense.

D'AILLEURS mon dessein n'est pas de faire un Ouvrage ; ni d'entrer sur toutes nos nouvelles idées & nos nouveaux sentimens, dans une discussion exacte ni même étendue. Ce que je fais ici pourra servir à quelqu'amateur de l'humanité, & lui montrer à peu près ce qu'avec autant de bonne volonté que moi, & plus de lumieres & de loisir, on pourroit répondre à M. Rousseau. Ajoûtons cependant encore quelques

 réflexions

réflexions importantes fur les deux états.

M. Rouffeau fe plaint que l'homme eft devenu méchant, en devenant fociable. Examinons ce point. Je fçai que dans l'état de nature il ne pouvoit y avoir de mal moral. (prenez garde que ce terme a ici un fens différent que dans la définition que nous en avons précédemment donné.) Un fauvage qui en tue un autre, avec lequel il difpute une proye, n'eft certainement pas plus coupable qu'un loup qui mange une brebis. Le mal moral, tel que l'on doit l'entendre dans le cas préfent, n'eft qu'une infraction que l'on fait aux loix de la fociété. Un homme parmi nous fait du mal en tuant fon femblable, parce que les hommes en s'uniffant font convenus de ne point ufer de violence les uns contre les autres, & que cet

homme

homme bleſſe une convention qui fai-
ſoit ſa ſûreté particuliere. Alors il peut
& doit être juſtement puni. Car s'il re-
connoît l'autorité de la loi, il doit reconnoître la juſtice de ſa condamna-
tion, puiſqu'une loi ſans punition des
infracteurs n'eſt rien, ou n'eſt au moins
qu'une ſanction ridicule & inutile. Si
notre aſſaſſin réclamoit contre l'autorité
d'une loi faite ſans ſa participation &
ſon conſentement, il faudroit pour lors
qu'il fût jugé par la loi naturelle, contre laquelle perſonne ne peut avoir de
réciſion; & par cette même loi il ſeroit également condamné à périr. Je
n'ai point de prédilection, lui diroit-
elle, je vous ai donné le droit de tuer
un autre homme pour ſatisfaire à votre
intérêt; mais, à plus forte raiſon, ai-je
donné à pluſieurs hommes réunis le
droit d'en immoler un à leur ſûreté. En

C 2

ſuivant

suivant de pareils principes , on mene-
roit peut-être bien loin M. Rousseau ,
& il ne seroit pas difficile de prouver
que la société n'est pas si éloignée de
l'état naturel , ni si peu conforme aux
principes & aux intentions de la nature
qu'il se l'imagine.

MAIS ne nous écartons point , &
en convenant avec lui que la société a
donné l'être au mal moral , & qu'en
ce sens , l'homme est devenu méchant ,
en devenant sociable , faisons - lui en
même temps remarquer que la société a
aussi donné l'être au bien moral, qui sans
elle n'eût pû exister, & qu'il est également
vrai de dire que l'homme , en devenant
sociable , est devenu bon. Car il est aussi
ridicule de supposer l'homme sauvage
se privant de quelqne chose qui lui
fait plaisir pour en gratifier son voisin ,
que de le croire méchant parce qu'il

ne le fecoure pas dans fes befoins. Il femble que dans tout ce Difcours M. Rouffeau n'aye jamais examiné les chofes que d'un côté, & malheureufement pour ceux qui le croiront, il ne les a vûes que par le côté défavorable. Remettons donc encore à cet égard la balance dans fon jufte équilibre.

JE pourrois cependant trouver une raifon pour la faire pancher de notre côté. L'homme naturel ne faifant aucun mal moral, en tuant ou bleffant un autre homme, contribue par-là néanmoins au mal phyfique. Il faudroit pour que les chofes fuffent égales, qu'il contribuât en quelque chofe au bien phyfique; comme il fait du mal fans être coupable, il faudroit qu'il fît du bien fans être vertueux: & je ne croi pas que cette pitié machinale, qu'on lui attribue, l'eût pû engager à fecourir un

 autre

autre homme en danger. Nous fçavons par nous-mêmes qui reffentons aussi ce fentiment d'émotion ou de pitié, com-bien il est infructueux, lorfqu'il n'est pas fuivi des idées que la fociété nous a données fur la bienfaifance.

J'ai gardé pour une de mes dernie-res réflexions celle que je vais faire fur l'inégalité qui exifte parmi les hôm-mes dans la diftribution des honneurs ou des richeffes, parce que c'eft un des points que M. Rouffeau a traités avec le plus d'étendue ; celui qu'il croit & que bien des gens croient le plus fa-vorable à fa caufe ; celui en un mot qui a donné lieu au Difcours a que je réponds. Je ne m'étendrai pou tant pas beaucoup fur cet article, & parce qu'il me conduiroit trop loin, & parce qu'il a été traité un million de fois, fans doute mieux que je ne pourrois faire ;

faire; enfin parce qu'avec un peu d'attention, & les principes répandus dans cette lettre, on peut se convaincre que nous n'avons pas, même de ce côté, de quoi regretter notre état primitif.

Ce que je dirai à ce sujet ne sera pas suspect à ceux qui me connoiffent, & je protefte avec vérité à ceux qui ne me connoiffent point, que j'ai autant de lieu que perfonne de me recrier contre l'iniquité du partage, & me vanger de n'avoir rien, en reprochant aux autres ce qu'ils ont. C'eft même un foulagement que je me donne quelquefois. Mais maintenant mon deffein eft de fuivre, autant qu'il eft en moi, ̶droite raifon & l'amour que j'ai pour ̶humanité.

En comparant d'abord notre état policé avec celui des premiers hommes, j'obferverai que le plus malheureux des

nôtres

nôtres a encore infiniment plus de com-
modités qu'il n'en auroit eues dans l'état
de pure nature , & qu'ainſi puiſqu'il
pouvoit vivre & être heureux dans le
premier, il peut également vivre & être
heureux dans le ſecond. Et c'eſt ce
qu'en effet l'expérience nous montre.
Qu'on y prête donc attention , qu'on
examine ſans prévention & ſans partia-
lité , & l'on remarquera peut-être chez
les pauvres plus de vrai contentement
que chez les riches. Que l'on aille de
la guinguette à la Comédie , que la
gaité de ce dernier endroit paroîtra
froide , empruntée , triſte même en
comparaiſon de la joie folle, vive, tu-
multueuſe , mais vraie , que l'on a
vûe au premier. Ici un aveugle , ſai
ſonger à la perte qu'il a fait du plus
précieux de ſes ſens, joue de tout ſon
cœur du violon pour faire danſer des

gens

gens qui n'auront peut-être pas de pain le lendemain, mais qui n'en danſent pas moins. Dans l'autre ſpectacle des gens ſouvent triſtes au fonds de l'ame, s'efforcent de rire par grimace, pour amuſer des gens qui environnés d'honneurs & de richeſſes, ſe conſolent de n'être pas heureux, pourvû qu'on les croie tels, & cependant ſont encore plus embarraſſés à paroître prendre du plaiſir, que les autres ne le ſont à tâcher de leur en procurer.

S'IL n'eſt point d'homme, généralement parlant, qui dans notre état ne puiſſe trouver le néceſſaire, & beaucoup plus qu'il n'auroit eu dans l'état de nature, il faut avouer que ſon malheur ne conſiſte plus gueres que dans la comparaiſon qu'il peut faire de lui à un autre. Mais à cet égard c'eſt ſa faute s'il eſt malheureux, & non celle de la
ſociété.

société. Si la vûe de ce qui eſt élevé au-deſſus de lui le fatigue, l'humilie, le chagrine, n'a-t'il pas une conſola-tion toute prête ? Qu'il regarde au-deſ-ſous de lui, il trouvera de quoi ſe dé-dommager. Peut-être va-t'on me dire que ceux qui ſont au degré le plus bas, n'ont rien à enviſager au-deſſous d'eux, & ſont par conſéquent privés de cette conſolation. Répondons à cette objeʄtion. Je n'alleguerai pas que, dans quelque état que nous ſoyons, il y a toujours des gens qui ſont au-deſſous de nous à certains égards, & que nous pourrions regarder dans le ſens avan-tageux pour nous. Je me ſervirai d'une autre réponſe. Il y a encore dans notre état aʄtuel beaucoup de ces animaux ſous forme humaine qui n'ont que les ſenſations tout au plus, & ſur qui les autres objets ne mordent point. Ce ſont

ces

ces gens-là qui sont ordinairement au dernier rang. Quand ils y naissent, ils y restent ; & quand ils en naissent près, ils y tombent. Tous ceux qui ont assez d'ame pour craindre d'être au dernier rang, se remuent, s'élevent par leur mouvement, ne s'y trouvent jamais, & ont toujours cette consolation dont nous venons de parler. Ceux qui y sont ne sentent rien, pas même le malheur de leur situation ; qui n'étant plus senti, n'en forme plus un ; & , sans être plus malheureux eux-mêmes, ils servent aux autres à l'être moins.

FAISONS attention d'ailleurs que l'égalité par-elle-même appartient aux deux états. Dans celui de pure nature regne l'inégalité physique à laquelle nous avons substitué l'inégalité morale : & je ne vois pas ce que cet échange nous a fait perdre. Dans le premier état un

sauvage

fauvage plus fort que moi m'auroit bat-
tu ; dans celui-ci un fat plus riche m'é-
clabouffe. S'il y a quelque différence, la
voici : elle eft à notre avantage. Dans
l'état naturel, où tout eft , pour ainfi
dire, auffi immuable que fon Auteur ,
je ne puis guères efperer de quitter mon
état défavantageux, ni de devenir plus
fort que celui que la nature a fait une
fois mon fupérieur à cet égard, au lieu
que, dans l'inégalité de convention ,
mille circonftances peuvent mettre der-
riere mon caroffe , tel homme qu'un
peu avant je n'ofois prefque regarder
en face.

Je prie , & pour cette réflexion
pour les autres , que l'on veuille bien
fentir que les cas particuliers ne dé-
truifent point la règle générale, & qu'ils
fe feroient également trouvés dans l'état
de nature comme dans le nôtre.

J'ai

J'ai encore une réflexion à faire ſur une des conſéquences des principes de M. Rouſſeau, & je penſe que ce ſera par elle que je finirai. M. Rouſſeau prétend que l'homme en multipliant ſes connoiſſances, ſes beſoins & ſes deſirs, s'eſt rendu malheureux. Par une conſéquence néceſſaire, en les diminuant, on diminue ſon malheur. Otez à l'homme le beſoin de ſe vêtir, voilà une portion de malheur retranchée, & ainſi un degré de bonheur ajoûté. Qu'on en faſſe autant de toutes ſes idées & de tous ſes ſentimens les uns après les autres, vous irez toujours en augmentant ſon bonheur, & vous parviendrez enfin, en rendant un ſimple végétal, un automate, à faire ſon bonheur ſuprême. Et qu'on ne différencie point les beſoins phyſiques d'avec les beſoins moraux : ils ſont égaux dans le cas en queſtion. La poſſeſſion

possession des uns comme des autres fait le plaisir, & leur privation forme également la douleur. Tout ce qu'on peut sur ce point affirmer ou nier des uns, on le peut pareillement affirmer ou nier des autres. Me voici donc par cette belle suite de conséquences réduit à envier le sort de la table où j'écris, & du lit où je couche. Idée absurde, & qui démontre évidemment la fausseté des principes dont elle est une conséquence nécessaire. Donnons encore une preuve de la fausseté de ces principes que nous combattons.

Ou le sentiment que nous avons de notre propre existance est un bien, ou un mal : car on ne peut rien sentir avec plaisir ou douleur. Si ce sentiment est un mal, il s'ensuit, ce que nous venons de voir, que la végétation, la matérialité, l'inexistance en un mot doit être

être le but de nos defirs ; qu'une rofe
de mon Jardin eft cent fois plus heu-
reufe que mon Jardinier , & peut-être
mille fois plus que moi. Si au contraire
M. Rouffeau nous dit que ce fentiment
eft un bien, il s'enfuivra que l'homme civil en multipliant fes idées , a multiplié
chez lui ce fentiment. (Car ce n'eft qu'en
penfant que je puis fentir mon exiftance, & je ne puis même penfer fans la
fentir) & que s'il a multiplié chez lui
un fentiment qui eft un bien , il a certainement augmenté fon bonheur.

Peut-etre me dira-t'on pour balancer cet avantage , que l'homme en s'ac-
coutumant avec plaifir au fentiment de
fon exiftance , s'eft rendu la perte de la
vie plus infupportable. Mais nous ré-
pondrons que l'homme civil a encore
trouvé mille moiens de diminuer le cha-
grin de cette perte. Il n'étoit guères

poſſible qu'en ſe civiliſant, ſe mettant en ſociété, il n'eût trouvé de lui-même les idées de Religion, d'immortalité de l'ame, de plaiſirs éternels, choſes auſquelles l'homme ſauvage ne devoit & ne pouvoit même penſer.

DE tout ce que je viens de dire, il me ſemble qu'il en réſulte que l'homme ne s'eſt pû rendre plus malheureux qu'il étoit; qu'il n'a fait en multipliant ſes idées, que multiplier ſon exiſtance, ce qui ne peut être un mal, qu'autant que l'exiſtance en ſeroit un. Et dans ce dernier cas il faut ſe plaindre d'être homme, & non pas d'être homme civiliſé; & à tout prendre, je crois vaut mieux ne ſe point plaindre du & même ne ſe pas trouver à plaindre; car l'idée ſeule que nous ſommes heureux ou malheureux, ſuffit, excepté un petit nombre de cas, pour nous rendre l'un ou l'autre.

LE

LE bien seul peut nous attacher à la vie ; il faut donc que le bien surpasse le mal, puisque nous y restons, ayans tant de chemin pour en sortir. D'ailleurs n'est-il pas absurde de penser que le Créateur se soit plû à former des êtres malheureux, sans qu'il puisse achepter, par-tout notre malheur, la moindre augmentation de bonheur pour lui ? Disons donc avec Séneque : *falsò queritur de naturâ suâ humanum genus.* Ou avec Pope : *tout est bien comme il est, tout est ce qu'il doit être.*

VOILA, Monsieur, une partie des idées qui me sont venues sur le Livre que je vous envoye. Elles ne sont la plûpart que montrées ; mais si elles sont justes, vous leur donnerez facilement toute l'étendue dont elles sont susceptibles ; si elles sont fausses, elles ne

D

sont

font encore que trop longues. Je finis :
la plume me tombe des mains de fatigue ; peut-être ma Lettre vous tombe-
ra-t'elle des mains d'ennui.

J'AI l'honneur d'être &c.

FIN.

www.ingramcontent.com/pod-product-compliance
Lightning Source LLC
LaVergne TN
LVHW020552060726
842525LV00004B/1409